RÉPUBLIQUE FRANÇAISE

MARINE NATIONALE

RÈGLEMENT

RELATIF

AUX ÉPREUVES ET AUX VISITES

À FAIRE SUBIR

AUX CHAUDIÈRES EMPLOYÉES DANS LA MARINE

AUX CONDUITES DE VAPEUR ET D'ALIMENTATION

ET À LEURS ACCESSOIRES

16 FÉVRIER 1910

PARIS

IMPRIMERIE NATIONALE

EN VENTE À LA LIBRAIRIE CHALLAMEL, 17, RUE JACOB

1910

—

MARINE NATIONALE

RÈGLEMENT

RELATIF

AUX ÉPREUVES ET AUX VISITES

À FAIRE SUBIR

AUX CHAUDIÈRES EMPLOYÉES DANS LA MARINE

AUX CONDUITES DE VAPEUR ET D'ALIMENTATION

ET À LEURS ACCESSOIRES

16 FÉVRIER 1910

PARIS

IMPRIMERIE NATIONALE

EN VENTE À LA LIBRAIRIE CHALLAMEL, 17, RUE JACOB

1910

LE MINISTRE DE LA MARINE, *à Messieurs les Vice-Amiraux commandant en chef, Préfets maritimes; les Contre-Amiraux, commandant la Marine en Indo-Chine et en Tunisie; les Directeurs des Établissements de la Marine hors des ports; le Directeur du Service de la Surveillance des Travaux confiés à l'Industrie, la Commission permanente des Machines et du Grand Outillage.*

Direction centrale des Constructions navales; — Section technique : *Bureau des Réparations; Bureau administratif; Bureau des Ateliers et Torpilles.* ═ État-Major général : *2ᵉ et 3ᵉ Sections.* ═ Direction centrale de l'Artillerie navale : *Bureaux technique et administratif.* ═ Service central des Travaux hydrauliques et Bâtiments civils. ═ Service central de l'Intendance maritime : *Bureau des Subsistances, de l'Habillement et du Casernement; Bureau des Approvisionnements de la Flotte, des Transports généraux et des Affrètements.*

Paris, le 16 février 1910.

Épreuves et visites à faire subir aux chaudières employées dans la Marine, aux conduites de vapeur et d'alimentation et à leurs accessoires.

Les usages actuellement suivis pour les essais et visites périodiques des chaudières, tuyautages de vapeur et d'alimentation et accessoires, résultent d'une série de réglementations successives dont quelques-unes remontent à des dates fort anciennes. Il m'a paru que le temps était venu de refondre toutes ces réglementations en une seule, applicable aux chaudières et tuyautages *à construire,* qui tiendrait compte non seulement des progrès survenus dans la construction des appareils à vapeur, mais aussi des règles suivies en la matière par les Administrations publiques françaises et étrangères.

Après étude de la question par l'Inspection générale du Génie maritime, j'ai arrêté les dispositions ci-après qui annulent et remplacent, en ce qui concerne les appareils *à construire,* toutes les prescriptions antérieures relatives à la surveillance, aux essais, visites des chaudières, tuyautages de vapeur et d'alimentation et accessoires, à bord des bâtiments de la Flotte, ou dans les installations à terre.

Le Ministre de la Marine,

DE LAPEYRÈRE.

RÈGLEMENT RELATIF

AUX ÉPREUVES ET AUX VISITES À FAIRE SUBIR

AUX CHAUDIÈRES EMPLOYÉES DANS LA MARINE,

AUX CONDUITES DE VAPEUR ET D'ALIMENTATION ET À LEURS ACCESSOIRES [1].

CHAUDIÈRES.

I. — ÉPREUVES À FAIRE SUBIR AUX CHAUDIÈRES

ARTICLE PREMIER.

Toute chaudière employée soit à bord d'un navire de l'État, soit dans un arsenal ou un établissement de la Marine, est soumise à des épreuves à froid et à chaud ainsi qu'à des visites opérées dans les conditions indiquées par le présent règlement. Il en est de même des épurateurs généraux de vapeur.

ART 2.

L'épreuve à froid consiste à soumettre la chaudière à une pression hydraulique supérieure à la pression effective qui ne doit pas être dépassée en service.

ART. 3.

DURÉE DE L'ÉPREUVE À FROID. — La pression est maintenue pendant le temps nécessaire à l'examen de la chaudière et à la mesure des déformations, s'il y

---

[1] Ce règlement annule et remplace, pour les appareils à construire, toutes les circulaires antérieures relatives aux épreuves et à la visite des chaudières et des conduites de vapeur et d'alimentation, ainsi que celle du 18 janvier 1892 relative aux accessoires de chaudières. Il laisse subsister la circulaire du 27 août 1901 relative aux mesures à prendre en vue des réparations fractionnées des chaudières multitubulaires, et se borne à en reproduire les dispositions relatives aux épreuves à froid et aux visites.

a lieu; dans tous les cas, pendant au moins cinq minutes; en général, la durée de l'essai ne dépassera pas dix minutes.

ART. 4.

SURCHARGE D'ÉPREUVE. — La surcharge avec laquelle est faite l'épreuve à froid dépend de la pression de régime ou timbre P_o de la chaudière et des circonstances dans lesquelles se fait l'épreuve. Il y a lieu de distinguer, à cet égard, deux catégories d'épreuves, celles à surcharge complète, celles à surcharge réduite.

ART. 5.

Dans les épreuves à surcharge complète, lorsque P_o est inférieur ou égal à 10 kilogrammes, la surcharge est égale à P_o, et par suite la pression d'épreuve à 2 P_o; lorsque P_o est supérieur à 10 kilogrammes la surcharge est invariablement égale à 10 kilogrammes, et par suite la pression d'épreuve à $P_o + 10$.

Dans les épreuves à surcharge réduite, la surcharge est moitié moindre que dans celles à surcharge complète; la pression d'épreuve est donc de 3/2 P_o ou $P_o + 5$ suivant que P_o n'est pas ou est supérieur à 10 kilogrammes.

ART. 6.

La première épreuve à froid de toute chaudière neuve ou refondue est effectuée avec surcharge complète. Dans toute autre circonstance une chaudière neuve, refondue, réparée ou en service est éprouvée avec surcharge réduite.

ART. 7.

Au cours de l'épreuve à froid il ne doit se produire ni fuite ni déformation sensibles; les entretoises ne doivent donner lieu à aucun suintement. Il est permis de faire de légères retouches au matage pendant que la chaudière est sous pression. Si une couture vient à perdre et que le matage ne réussisse pas à l'étancher, le rivetage de la partie correspondante est refait et l'essai recommencé.

ART. 8.

Quand, dans l'épreuve à froid d'une chaudière neuve ou refondue, on aperçoit des indices de fatigue avant d'arriver à la pression d'épreuve réglementaire, on arrête l'opération et on apporte à la chaudière les consolidations ou modifications nécessaires pour lui permettre de supporter un essai à la pression réglementaire.

Quand le fait se produit sur une chaudière réparée ou en service on opère de même ou bien, s'il y a des difficultés à consolider ou modifier convenablement la chaudière, on maintient pendant le temps réglementaire la pression à une valeur qui ne paraisse pas dangereuse pour la chaudière; les soupapes de sûreté de cette chaudière sont alors chargées de manière que sa nouvelle pression de régime en service ne puisse être supérieure à celle qui correspond réglementairement à la pression d'épreuve atteinte. Dans ce cas, et selon les circonstances, ou bien on abaisse à la même valeur le timbre de tous les générateurs pouvant être affectés en même temps que le générateur en cause à l'alimentation d'un même appareil à vapeur, ou bien on isole le générateur en cause en continuant à employer les autres à leur timbre normal.

ART. 9.

CHAUDIÈRES NEUVES. — 1° *Épreuves à l'atelier.* — *Épreuve à froid.* — Toute chaudière neuve subit dans les ateliers du constructeur une épreuve à l'eau froide avec surcharge complète.

L'épreuve à froid a lieu seulement après que toutes les ouvertures destinées à recevoir les accessoires ou autres pièces ont été percées. Dans le cas où les chaudières ne sont pas complètement montées en usine, les diverses parties (éléments, collecteurs, accessoires, etc.) sont, après confection, essayées aux pressions réglementaires avant expédition au port ou au chantier destinataire.

ART. 10.

Épreuve à chaud. — Indépendamment de l'épreuve à froid toute chaudière neuve destinée à être installée sur un bâtiment de la Flotte subit dans les ateliers du constructeur une épreuve à chaud à la pression maximum des soupapes de sûreté. La durée de l'épreuve et l'intensité de la combustion sont les mêmes qu'à l'épreuve à outrance à la mer.

Au cours de l'épreuve à chaud, il ne doit se produire ni fuite ni déformation sensibles ; les entretoises ne doivent donner lieu à aucun suintement. Il est permis de faire de légères retouches au matage pendant que la chaudière est sous pression. Si une couture vient à perdre et que le matage ne réussisse pas à l'étancher, le rivetage de la partie correspondante est refait et l'épreuve recommencée.

Les chaudières à tubes d'eau ne subissent les épreuves à chaud à l'atelier que s'il s'agit d'un nouveau type de chaudière ou d'un ancien type appliqué dans des conditions nouvelles. Pour ces mêmes chaudières les épreuves, lorsqu'elles ont lieu, ne portent que sur un ou deux corps désignés par le Service de la Surveillance.

L'épreuve à chaud dans les ateliers du constructeur n'est pas obligatoire pour les chaudières destinées à être installées à terre.

ART. 11.

2° *Épreuve avant mise en place à bord.* — Toute chaudière neuve *cylindrique ou locomotive* destinée à un bâtiment de la flotte est, lorsqu'elle a subi un transport, soumise, avant son installation à bord, à une épreuve à froid avec surcharge réduite ($3/2$ Po ou Po + 5). L'épreuve peut avoir lieu soit avant l'embarquement, soit après l'embarquement, mais en tous cas dans des conditions telles que la chaudière soit accessible de tous côtés.

L'épreuve a pour but de constater qu'il ne s'est pas produit d'avaries pendant le transport et d'éviter à la Marine les frais qui résulteraient pour elle d'un déplacement à bord ou d'un débarquement de la chaudière nécessité par des avaries reconnues seulement après sa mise en place. Elle n'est pas obligatoirement exécutée sur les chaudières des bâtiments construits par l'industrie lorsque le fournisseur des chaudières est le même que celui du bâtiment, la responsabilité du constructeur restant, dans ce cas, entière en ce qui concerne les réparations qui seraient reconnues ultérieurement nécessaires et les travaux de coque qui en seraient la conséquence.

ART. 12.

L'épreuve à l'eau froide avant mise en place à bord est exécutée dans les mêmes conditions sur les chaudières à *tubes d'eau horizontaux* (Oriolle, d'Allest) ou verticaux (du Temple, Normand, Guyot) qui ne sont pas constituées par des éléments indépendants, lorsqu'elles sont destinées à un bâtiment de la Flotte. Elle ne l'est pas sur les chaudières à tubes d'eau constituées par des éléments indépendants (Belleville, Niclausse).

ART. 13.

3° *Épreuve après mise en place.* — Toute chaudière destinée à un bâtiment de la Flotte ou à un service à terre est soumise, après son installation définitive et avant sa mise en service, à une épreuve à froid. L'épreuve est exécutée avec surcharge réduite à moins qu'il ne s'agisse d'une chaudière à tubes d'eau n'ayant pas été montée en usine, et n'ayant, par suite, encore été soumise à aucune épreuve à froid auquel cas l'épreuve est exécutée avec surcharge complète comme pour les chaudières neuves en usine.

ART. 14.

Chaudières refondues. — Les chaudières refondues sont soumises aux mêmes épreuves que les chaudières neuves.

ART. 15.

Chaudières réparées. — Toute chaudière ayant reçu à terre ou à bord des réparations de quelque importance, mais ne constituant pas une refonte complète subit des épreuves à l'eau froide dans les mêmes conditions qu'une chaudière neuve, mais toujours avec surcharge réduite ($3/2$ Po ou Po $+ 5$).

ART. 16.

Chaudières en service. — 1° *Chaudières installées sur les bâtiments de la Flotte.* — Sur tout bâtiment armé ou en disponibilité, y compris les bâtiments de servitude, remorqueurs, chaloupes à vapeur faisant le service des ports, les chaudières subissent une fois par an une épreuve à froid avec surcharge réduite, soit à la pression 3/2 Po ou Po + 5 suivant que la pression de régime n'excède pas ou excède 10 kilogrammes. Toutefois, pour une chaudière neuve, la première épreuve annuelle n'a lieu que deux ans après la première chauffe qui a suivi son installation définitive. Pour les chaudières à tubes d'eau, qu'elles soient ou non à éléments indépendants, l'essai à froid doit coïncider, autant que possible, avec un passage au bassin, lors même qu'il en résulterait un intervalle légèrement supérieur à un an entre deux essais consécutifs. Les chaudières d'un bâtiment peuvent avoir été réparties en deux séries dont chacune est essayée alternativement pendant deux passages au bassin consécutifs pourvu que l'intervalle de deux épreuves ne dépasse pas sensiblement un an pour un même corps de chaudière.

Sur les bâtiments en réserve et en réserve spéciale, les épreuves n'ont lieu que tous les deux ans. Pour les bâtiments indisponibles, désarmés ou condamnés, il n'est pas établi de règles fixes au sujet des épreuves que les chaudières pourraient avoir à subir. Les mesures à prendre dépendent de la nature des travaux en cours et de la destination probable des bâtiments.

ART. 17.

Sur tout bâtiment qui passe de la réserve ou de la réserve spéciale dans la disponibilité ou à l'état de bâtiment armé, les chaudières subissent une épreuve à l'eau froide si l'épreuve précédente remonte à plus d'une année (à plus de deux années pour une chaudière neuve); dans le cas contraire elles subissent une épreuve aussitôt qu'il s'est écoulé une année (ou deux années) depuis la dernière épreuve.

ART. 18.

Chaudières à terre. — Les chaudières en service à terre ou sur un ponton subissent une fois par an une épreuve à froid avec surcharge réduite. Toutefois l'intervalle entre deux épreuves consécutives est porté à deux ans pour les chaudières placées dans les postes de stationnement et de refuge des torpilleurs, ainsi que dans les postes photoélectriques de la défense fixe et, d'une manière générale, pour les chaudières qui ne fonctionnent qu'un petit nombre d'heures par an.

La première épreuve périodique n'a lieu pour une chaudière neuve que deux ans après la première chauffe qui a suivi son installation définitive.

ART. 19.

DEVANCEMENT D'ESSAI. — Dans les cas particuliers où l'on aurait des doutes sur l'état d'une chaudière, on pourrait devancer la date de l'épreuve réglementaire.

II. VISITES À FAIRE SUBIR AUX CHAUDIÈRES.

ART. 20.

La réussite des épreuves à froid ne doit en aucun cas être considérée comme donnant des garanties suffisantes de la solidité des chaudières. Les chaudières en service doivent, aussi souvent que les circonstances le permettent, être minutieusement inspectées. Au moment des épreuves à froid ou quand on a des doutes sur leur état on doit en outre les sonder au marteau et percer dans les tôles quelques trous lorsque la présence d'un personnel expérimenté le permet. L'application de ce dernier procédé est conduite de manière à ne pas affaiblir la chaudière. A moins de cas exceptionnels il n'est appliqué aux chaudières neuves ou refondues qu'après la deuxième année de leur mise en service, après la première année pour les chaudières réparées. Ces délais sont en général augmentés pour les chaudières à tubes d'eau.

Il est impossible de fixer d'une manière générale la réduction d'épaisseur au delà de laquelle les diverses parties d'une chaudière doivent être changées ou la chaudière condamnée. La décision à prendre varie évidemment suivant la partie intéressée, et suivant qu'il s'agit d'une réduction locale ou d'une usure intéressant une certaine surface. Pour les chaudières cylindriques et analogues on peut admettre que l'épaisseur minimum des tôles conservées dans les régions soumises à la pression de la vapeur doit être au moins les 8/10 de l'épaisseur d'après les plans; pour les chaudières des bâtiments de servitude et les chaudières à terre on peut descendre à 7/10.

ART. 21.

CHAUDIÈRES À TUBES D'EAU VERTICAUX NON INDÉPENDANTS. — En ce qui concerne les chaudières à tubes d'eau verticaux non indépendants, l'essai à froid et l'examen extérieur sont des mesures insuffisantes pour déterminer exactement l'état d'un appareil évaporatoire ayant une durée de fonctionnement de plusieurs années. Lors de l'arrivée à terme d'une chaudière de cette espèce, sauf le cas où l'appareil n'aurait pour ainsi dire pas chauffé depuis l'époque du dernier sondage et où on n'aurait aucune raison de prévoir une usure anormale, on procède obligatoirement aux opérations suivantes : extraction de tubes prélevés dans les différentes régions des faisceaux et de chaque bord, principalement parmi ceux des rangées internes et jointives ainsi que du retour de flamme; examen des tubes après sciage en long; mesure de l'épaisseur des tôles des collecteurs aux différents points rendus accessibles par l'enlèvement des tubes; percement, s'il y a lieu, de trous de sondage au fond des érosions qui auront pu être relevées; sondage des retours d'eau.

ART. 22.

CHAUDIÈRES À TUBES D'EAU INDÉPENDANTS. — Lors de chaque épreuve à froid d'une chaudière à tubes d'eau indépendants, on démonte quelques éléments en nombre d'autant plus grand que les chaudières sont plus fatiguées, pour se rendre compte de l'état général de l'ensemble.

III. Services chargés des épreuves et des visites.

ART. 23.

Les épreuves à froid, les visites et les démontages ont lieu dans les circonstances et aux époques réglementaires par les soins ou à la demande du service entre les mains de qui se trouve la chaudière ou le tuyautage à essayer.

ART. 24.

Avant la recette définitive des chaudières ils ont lieu par les soins du fournisseur en présence de l'Ingénieur contrôleur ou de la Commission de recette.

ART. 25.

Sur les bâtiments qui font campagne ils s'effectuent exclusivement par les moyens du bord. Les Commandants doivent, en temps utile, adresser aux ports les demandes de pièces de remplacement nécessaires. Cette dernière prescription vise principalement les chaudières à tubes d'eau à éléments indépendants.

ART. 26.

Lorsque les épreuves, visites et démontages des chaudières et tuyautages placés sur un bâtiment armé ou en réserve se font dans un port, ils ont lieu par les soins du bord en présence des représentants de la Direction des Constructions navales; ces représentants se mettent d'accord avec le bord pour déterminer la nature et l'importance des démontages à effectuer; dans le cas où les constatations faites sur les premières pièces démontées en montrent la nécessité, ils provoquent de l'autorité supérieure les instructions nécessaires pour effectuer un démontage plus complet, dont une partie peut alors être faite par la main-d'œuvre de la Direction des Constructions navales.

ART. 27.

Dans les ports militaires les épreuves des chaudières appartenant aux flottilles, et de leur tuyautage, peuvent, sur la demande du Commandant de la flottille adressée au Préfet maritime, avoir lieu avec le concours de la Direction des Constructions navales.

ART. 28.

Lorsque le remplacement des chaudières situées dans les postes de stationnement et de refuge des torpilleurs ou dans les postes photoélectriques de la Défense fixe est à prévoir dans un délai inférieur à dix-huit mois, l'épreuve à froid, les démontages et la visite sont faits en présence d'un représentant des Constructions navales.

ART. 29.

Dans les ports militaires, les épreuves et visites des chaudières appartenant
à des Directions ou à des Services à terre ont lieu en présence d'un représentant de la Direction des Constructions navales et avec le concours ou par les
soins de ses agents. Le caractère de l'intervention de cette Direction varie suivant les ressources en personnel et en matériel des détenteurs des appareils.
Pour les chaudières dépendant des Travaux hydrauliques, des Subsistances,
des Hôpitaux, son concours doit s'étendre aussi bien à la conduite des épreuves
qu'à la constatation des résultats.

ART. 30.

Dans les établissements hors des ports les épreuves et visites sont faites par
le personnel de l'établissement.

IV. Évaluation de la durée des chaudières.

ART. 31.

Durée des chaudières. — A la suite de chaque épreuve à froid réglementaire, la durée probable des chaudières est évaluée.

ART. 32.

Bien qu'il soit impossible de fixer *a priori* avec quelque exactitude la durée
probable d'une chaudière neuve, on peut cependant, en vue d'uniformiser
dans une certaine mesure les indications portées par les divers ports sur les
procès-verbaux relatifs aux chaudières neuves, admettre que les durées pro-
bables des types de chaudières ci-après peuvent être évaluées comme suit :

Chaudières cylindriques de tous les types.	9 ans.
Chaudières locomotives.	6
Chaudières Oriolle et d'Allest, avant le premier retubage.	7
Les mêmes, après le premier retubage.	5
Chaudières du Temple, Guyot, Normand, etc., avant le premier retubage.	6
Les mêmes, après le premier retubage.	3

ART. 33.

Les chiffres donnés à l'article précédent ne doivent être pris que comme
un point de départ en l'absence de tout autre renseignement. Ils doivent être
abandonnés dès que les visites de l'appareil évaporatoire permettent de prévoir une durée supérieure ou inférieure à celle qui résulte de ces chiffres. On

doit profiter de toutes les épreuves et de toutes les visites pour réunir des éléments d'appréciation permettant de rectifier les évaluations antérieures, et corriger d'un procès-verbal en suivant l'indication de la durée probable précédemment admise.

Lorsque les épreuves, visites, démontages ont eu lieu par les soins du bord en présence d'un représentant de la Direction des Constructions navales, la durée probable est fixée d'un commun accord entre les deux services.

ART. 34.

Pour les chaudières à éléments indépendants dont les éléments peuvent être remplacés par un régime de réparation fractionnée, on ne saurait parler d'une façon précise de durée probable de la chaudière, mais seulement de date probable pour l'époque du remplacement des différentes pièces de chaque groupe.

V. Procès-verbaux d'épreuve et de visite.

ART. 35.

A la suite de chaque épreuve à froid faite en usine, à l'atelier, à quai avant l'embarquement ou à bord après montage définitif, un procès-verbal est établi par le service chargé de la surveillance des travaux du bâtiment. Un exemplaire du procès-verbal est communiqué à la Commission de recette ou d'essais.

ART. 36.

A la suite de chaque épreuve à froid d'une chaudière en service sur un bâtiment de la Flotte ou à terre on dresse un tableau, conforme au modèle ci-joint, où sont consignés :

1° Les résultats des épreuves à l'eau froide pour chaque corps ;

2° Les observations recueillies au cours des visites et des démontages qui ont accompagné l'épreuve ;

3° La durée probable des chaudières (pour les chaudières à éléments indépendants, époque probable de remplacement des différentes pièces de chaque groupe).

ART. 37.

Les procès-verbaux relatifs aux bâtiments de la flotte autres que ceux de servitude et y compris les torpilleurs sont adressés en deux exemplaires au Ministre sous le timbre «Direction centrale des Constructions navales — Bureau des réparations» et en deux exemplaires au port d'attache du bâtiment. Les indications en sont transcrites dans le registre historique de l'appareil moteur. Les procès-verbaux de l'espèce sont indispensables à l'Administration centrale pour apprécier la nature des services que l'on peut demander aux bâtiments et pour établir des prévisions en vue de la commande des chaudières de rechange.

ART. 38.

Lorsque l'ensemble des chaudières d'un bâtiment donne des signes de fatigue indiquant qu'un remplacement intégral de l'appareil évaporatoire s'imposera bientôt, une note spéciale l'indique au Ministre pour que la commande de l'appareil de rechange soit faite en temps utile.

ART. 39.

Pour suivre utilement le degré d'usure des chaudières à tubes d'eau à éléments indépendants et s'approvisionner en temps utile des matériaux nécessaires, les renseignements portés sur les procès-verbaux d'épreuves à froid seraient absolument insuffisants. Les directions des Constructions navales doivent établir et conserver pour chaque chaudière un tableau détaillé de toutes les constatations qu'elles ont faites et compléter le résultat de leurs propres constatations par l'inscription des renseignements recueillis à bord sur les incidents ou travaux survenus depuis l'époque de la précédente épreuve. En cas de changement de port d'attache il appartient au nouveau port de demander à l'ancien la transmission de cet enregistrement.

ART. 40.

Les procès-verbaux relatifs aux chaudières placées dans les postes de stationnement et de refuge des torpilleurs ainsi que dans les postes photoélectriques de la Défense fixe ne sont adressés au Ministre que s'il y a à prévoir le changement des chaudières dans un délai inférieur à 18 mois.

ART. 41.

En ce qui concerne les bâtiments de servitude, les ports étant chargés de préparer eux-mêmes les commandes des chaudières de rechange, l'envoi des procès-verbaux au Ministre n'offrirait pas d'intérêt et il n'y a pas lieu de l'effectuer.

Il en est de même pour les chaudières en service dans les arsenaux et les Établissements de la Marine.

ART. 42.

Les procès-verbaux sont établis par le service chargé de procéder ou faire procéder aux épreuves et adressés par lui au Ministre et au port d'attache du bâtiment. Lorsque les essais ont eu lieu par les soins du bord, mais en présence d'un représentant du Service des Constructions navales, le procès-verbal est signé par un représentant du bord et un représentant de ce Service.

CONDUITES DE VAPEUR ET D'ALIMENTATION
ET LEURS ACCESSOIRES.

I. Épreuves et visites à faire subir aux tuyautages.

ART. 43.

Tout tuyautage de vapeur ou d'alimentation en cuivre ou en acier, à bord ou à terre, est, ainsi que ses accessoires, y compris les détendeurs, soumis à des épreuves à froid et à des visites opérées dans les conditions suivantes :

ART. 44.

L'épreuve à froid consiste à soumettre le tuyautage ou l'organe éprouvé à une pression hydraulique supérieure à la pression qui ne doit pas être dépassée en service. Cette pression est maintenue au moins cinq minutes.

ART. 45.

Les épreuves à faire subir aux tuyautages et à leurs accessoires se divisent en deux catégories :

ART. 46.

1re Catégorie. — *Épreuves complètes.* — Les épreuves de première catégorie se divisent en deux parties : un essai à l'atelier, un essai après montage en place.

Essai à l'atelier. — Les tuyautages et les accessoires complètement dégarnis et démontés sont soumis à un examen minutieux et à un essai à l'eau, Po étant la pression de régime des chaudières et P celle des détendeurs, pour les tuyaux et organes situés en aval des détendeurs, la pression d'épreuve des tuyaux de vapeur vive et d'alimentation est $2P$ ou $2Po$, selon qu'il s'agit ou non des tuyautages placés après détendeurs, sans qu'on puisse en aucun cas descendre au-dessous de $Po + 6$; quand l'alimentation se fait avec une forte surpression, la pression d'essai des tuyaux d'alimentation est portée à $2Po + 10$ kilogrammes. Pour les tuyaux d'évacuation de vapeur, la pression d'épreuve est uniformément de 2 kilogr. 100 [1].

---

[1] Les tuyautages intermédiaires des machines à vapeur qui font partie intégrante des machines sont essayés à l'atelier *dans les conditions prévues pour les essais des pièces des machines,* c'est-à-dire au double de la pression maximum pouvant exister dans les récipients que ces tuyautages mettent en communication.

Par épreuve à l'atelier on doit entendre un essai fait après sortie de la chaufferie, de manière que les tuyaux soient examinés *en plein jour*. L'atelier peut d'ailleurs être un local quelconque muni des instruments nécessaires, soit à terre, soit sur un chaland, soit sur le bâtiment intéressé lui-même.

Tout tuyau déformé pour une cause quelconque au cours de la visite ou de l'essai doit être ramené à sa forme correcte par un chaudronnage soigné, avant d'être remonté à bord, de manière que les boulons n'aient qu'à assurer le serrage des joints sans fatiguer les tuyaux.

Essai en place. — Après montage définitif en place, à bord ou à terre, mais avant application des revêtements calorifuges et avant toute chauffe, les tuyautages de vapeur vive et d'alimentation et leurs accessoires sont essayés à la pression réglementaire pour l'épreuve chez le constructeur des chaudières qu'ils doivent desservir supposées neuves, soit $2P_0$ ou $P_0 + 10$ kilogrammes. Les tuyautages d'évacuation de vapeur sont essayés à 2 kilogr. 100.

ART. 47.

2ᵉ Catégorie. — *Épreuves à surcharge réduite.* — Les épreuves de la deuxième catégorie comprennent une seule épreuve à l'eau qui a lieu sur les tuyautages en place dont on ne peut dégarnir que les brides et les tubulures, à moins de motifs particuliers exigeant le démontage de tout ou partie des revêtements calorifuges. Pour les tuyaux de vapeur vive et d'alimentation l'essai a lieu à la pression qui est réglementaire pour l'épreuve des chaudières avec surcharge réduite, soit $3/2P_0$ ou $P_0 + 5$ kilogrammes. Pour les tuyaux d'évacuation la pression d'épreuve est la même que pour les essais de la 1ʳᵉ catégorie.

ART. 48.

Circonstances dans lesquelles les tuyautages sont soumis à l'une ou à l'autre catégorie d'épreuves. — Les épreuves de la première catégorie sont applicables :

1° Aux bâtiments neufs ;

2° Aux bâtiments désarmés qui réarment ;

3° Aux bâtiments dont on a changé les chaudières ;

4° Aux portions de tuyautages qui ont subi, en service courant, d'importantes réparations ;

5° Aux tuyautages en service, soit à terre, soit à bord, qui n'ont pas subi cette épreuve depuis cinq ans. Le temps passé en réserve par les bâtiments ne compte que pour moitié. L'épreuve ne doit donc être renouvelée qu'au bout de dix ans pour un bâtiment qui reste tout ce temps en réserve.

ART. 49.

Les épreuves de la deuxième catégorie sont applicables, d'une manière générale, dans toutes les circonstances où l'on fait subir les essais réglementaires aux chaudières en service, sous réserve que l'épreuve de deuxième catégorie est remplacée par une épreuve de première catégorie lorsqu'il n'a pas été fait d'épreuve de première catégorie depuis cinq ans.

ART. 5o.

Indépendamment des épreuves prescrites ci-dessus, communes aux tuyautages en cuivre et à ceux en acier, et de l'examen qui les accompagne, les tuyautages en acier sont soumis, entre deux épreuves de première catégorie, à des visites supplémentaires comportant un examen minutieux de leurs surfaces extérieures et intérieures.

Ces visites entraînent le déshabillage et le démontage au moins partiel des tuyaux ; elles peuvent se faire à bord pour les bâtiments armés ou en réserve. On les effectue par roulement de manière à ne laisser aucun tuyau plus de trois ans sans être visité. Sur les bâtiments armés il y a ainsi une visite du tuyautage en acier faite par le bord entre deux épreuves de première catégorie. Sur les bâtiments en réserve il peut y en avoir plusieurs, l'intervalle entre deux épreuves de première catégorie étant susceptible de varier entre cinq et dix ans sans que les visites du tuyautage en acier puissent être espacées de plus trois ans.

La visite supplémentaire des tuyautages en acier n'est pas obligatoirement accompagnée d'une épreuve sous pression, une visite minutieuse étant plus propre qu'une pareille épreuve à renseigner sur le degré de corrosion des tuyaux en acier.

ART. 5i.

Les époques qui résultent pour les épreuves et les visites de la présente réglementation peuvent être légèrement devancées ou reculées pour profiter des circonstances qui permettraient de les exécuter sans gêner le service.

II. Services chargés des épreuves et des visites des tuyautages.

ART. 5a.

Les épreuves de première catégorie sont faites par le service des Constructions navales sur la demande du bord, de la réserve ou des services à terre intéressés dont le personnel doit prêter, dans la plus large mesure du possible, son concours à celui des Constructions navales pour le démontage, le transport et le remontage des conduites de vapeur, ainsi que pour les épreuves elles-mêmes. L'habillage et le déshabillage sont faits, autant que possible, par les soins ou tout au moins sous le contrôle du Service des Constructions navales.

Les épreuves de deuxième catégorie sont effectuées par le personnel du bord, de la réserve ou du service intéressé avec le concours du Service des

Constructions navales, si ce concours est jugé nécessaire. Il en est de même pour les visites supplémentaires des tuyautages en acier prescrites à l'article 5o.

Dans les établissements hors des ports les épreuves et les visites sont faites par le personnel de l'établissement.

ART. 53.

L'enregistrement des résultats des épreuves et des visites est fait : pour les épreuves de première catégorie, par le Service des Constructions navales qui les communique au bord, à la réserve ou au service intéressé ; pour les épreuves de deuxième catégorie et les visites supplémentaires du tuyautage en acier, par le bord, la réserve ou le service intéressé. Lorsqu'il s'agit d'un tuyautage appartenant à un bâtiment de la Flotte, les résultats en sont portés sur le registre historique de l'appareil moteur.

DISPOSITIONS TRANSITOIRES.

ART. 54.

Le présent règlement s'applique aux chaudières, conduites de vapeur et d'alimentation et accessoires dont la construction sera ordonnée postérieurement à sa mise en vigueur.

Pour les chaudières, conduites de vapeur et d'alimentation et accessoires, en construction ou en service, soit à terre, soit à bord des bâtiments de la Flotte, les pressions d'épreuve resteront celles qui sont prévues aux règlements antérieurs, savoir :

Chaudière (art. 5). — Dans les épreuves à surcharge complète, la surcharge d'épreuve est égale au timbre, sans que cette surcharge puisse dépasser 6 kilogrammes.

Dans les épreuves à surcharge réduite, la pression d'essai est égale à une fois et demie la pression de régime P_o lorsque celle-ci ne dépasse pas 6 kilogrammes et à $P_o + 3$ kilogrammes lorsque le timbre est supérieur à 6 kilogrammes.

Conduites de vapeur et d'alimentation et leurs accessoires (Art. 46).

1re catégorie. — *Épreuves complètes.* — *Essai à l'atelier.* — La pression d'épreuve est 2 P ou 2 P_o sans pouvoir jamais descendre au-dessous de $P_o + 6$. Quand l'alimentation se fait avec une forte surpression, la pression d'essai des tuyaux d'alimentation est portée à 2 $P_o + 10$ kilogrammes.

Essai en place. — Après montage définitif en place, à bord ou à terre, mais avant application des revêtements calorifuges, et avant toute chauffe, les tuyautages et les accessoires sont essayés à la pression réglementaire pour l'épreuve chez le constructeur des chaudières qu'ils doivent desservir supposées neuves, soit 2 P_o ou $P_o + 6$ kilogrammes.

2e catégorie. — *Épreuves à surcharge réduite.* — Les épreuves de la deuxième catégorie comprennent une seule épreuve à l'eau qui a lieu sur les tuyautages en place dont on peut ne dégarnir que les brides et les tubulures, à moins de motifs particuliers exigeant le démontage de tout ou partie des revêtements calorifuges. L'essai a lieu à la pression qui est réglementaire pour l'épreuve des chaudières avec surcharge réduite, soit 1,5 P_o ou $P_o + 3$.

ÉPREUVES À L'EAU FROIDE DES CHAUDIÈRES.

LETTRE DE REPÈRE des CORPS DE CHAUDIÈRES à partir de l'avant.	DATES des ESSAIS.	PRESSION EN KILOGRAMME par CENTIMÈTRE CARRÉ				NOMBRE D'HEURES DE CHAUFFE depuis que les chaudières sont à bord.	RÉSULTATS de la VISITE PRESCRITE à l'article....... de la circulaire du......	OBSERVATIONS [1].
		de régime quand la chaudière était neuve.	de régime avant les épreuves actuelles.	sous laquelle ont été faites les épreuves.	de régime pour tous les corps résultant des épreuves actuelles.			

NOTA. — Un croquis, indiquant la disposition des chaudières et les lettres de repère, sera joint au tableau.

[1] Inscrire dans la colonne «Observations» : pour les chaudières à éléments non indépendants, la durée des chaudières; pour les chaudières à éléments indépendants l'époque probable de remplacement des différentes pièces de chaque groupe.